RESPUESTAS QUE VENDEN

25 preguntas para emprender con éxito, transformar tu negocio y ganar clientes

STEVEN F. ALLEN

ADVERTENCIA

Este libro proporciona información y material educativo sobre ventas y negocios. No se ofrece ninguna garantía de resultados específicos tras la aplicación de las estrategias y técnicas aquí descritas. El éxito en las ventas depende de una variedad de factores personales, de mercado y de la industria, que están fuera del control del autor y del editor de este libro.

Los casos y ejemplos presentados son ilustrativos y no garantizan que el lector obtendrá resultados similares. Cada individuo es único y el éxito en ventas es el resultado de la motivación, el esfuerzo y la habilidad para adaptarse a las necesidades y cambios del mercado.

El autor y el editor de este libro no se responsabilizan por cualquier pérdida o daño de cualquier tipo incurridos como resultado directo o indirecto del uso o la aplicación de cualquier contenido de este libro.

Al leer este libro, usted acepta y comprende que está utilizando cualquier y toda la información proporcionada aquí bajo su propio riesgo.

ÍNDICE

1. Decidir si llamar o no

En el ámbito profesional y personal, a menudo nos encontramos en situaciones en las que dudamos si hacer esa llamada o no.

La indecisión puede surgir por diversas razones: temor al rechazo, inseguridad sobre cómo será recibida la llamada, o simplemente la incertidumbre de si es el momento adecuado. Estas dudas pueden paralizar nuestras acciones y retrasar decisiones importantes.

Por otro lado, la comunicación es esencial para establecer y mantener relaciones sólidas, ya sean de negocio o personales.

Una llamada telefónica, aunque pueda parecer intrusiva en la era digital, sigue siendo una herramienta poderosa. Puede transmitir empatía, sinceridad y urgencia de una manera que otros medios, como los correos electrónicos o los mensajes de texto, simplemente no pueden.

Antes de decidir, es útil reflexionar sobre el propósito y la urgencia de la llamada.

¿Es algo que podría resolverse por otro medio?
¿Es urgente o podría esperar a un momento más oportuno?

Si después de considerar estos factores, sientes que la llamada es necesaria, entonces hazla con confianza.

Ejemplo:

María, una joven emprendedora, ha estado esperando una respuesta sobre una propuesta que envió a una empresa importante. Aunque ha intercambiado correos electrónicos con el gerente, siente que la comunicación se ha vuelto impersonal y distante. Después de días de indecisión, decide tomar la iniciativa y llamar directamente.

Al inicio, siente nerviosismo, pero una vez que el gerente contesta y reconoce su llamada, la conversación fluye de manera natural. María descubre que su propuesta está siendo seriamente considerada pero que hay algunos puntos que necesitan ser aclarados. Al final de la llamada, no solo ha resuelto las dudas, sino que también ha fortalecido su relación con el gerente, mostrando iniciativa y genuino interés en el proyecto.

2. Superar el miedo a llamar

El miedo a llamar por teléfono, conocido como telefobia, es una ansiedad real que muchas personas experimentan. Puede ser causada por una serie de factores: temor al rechazo, preocupación por decir algo incorrecto o simplemente la aversión a hablar por teléfono en un mundo dominado por la comunicación escrita.

Este miedo, aunque pueda parecer trivial, puede tener impactos negativos en la vida profesional y personal. En el mundo de los negocios, donde la rapidez y la claridad en la comunicación son esenciales, evitar hacer llamadas puede significar perder oportunidades importantes.

Para superar este miedo, es útil practicar y prepararse. Antes de hacer una llamada, escribe los puntos clave que quieres abordar. También puedes ensayar la conversación con un amigo o familiar. Con el tiempo y la práctica, la confianza crecerá.

Ejemplo:

Javier, un ejecutivo de ventas, siempre ha tenido miedo de hacer llamadas en frío. Temía el rechazo y se preocupaba por no saber qué decir. Sin embargo, sabía que para alcanzar sus objetivos de ventas, tenía que superar este miedo.

Decidió empezar poco a poco. Cada día, se propuso hacer al menos cinco llamadas en frío. Al principio, fue desafiante, pero con cada llamada, ganó más confianza.

Después de un mes, no solo había superado su miedo, sino que también había cerrado varios tratos importantes. La persistencia y la práctica lo ayudaron a vencer su telefobia y a mejorar en su carrera.

3. La decisión postergada

En el mundo de los negocios y en la vida cotidiana, nos encontramos con individuos que evaden el compromiso con un "Me lo tengo que pensar".

Aunque a simple vista puede parecer una respuesta neutra, en la mayoría de las ocasiones es una máscara para un "no" implícito. Esta actitud puede surgir de la inseguridad, el miedo al compromiso o simplemente el deseo de no herir los sentimientos del interlocutor.

La indecisión puede ser perjudicial, especialmente en el mundo empresarial. Postergar una decisión puede resultar en la pérdida de oportunidades valiosas.

Además, en muchos casos, esperar demasiado tiempo puede llevar a que las condiciones cambien, lo que podría hacer que la decisión final sea menos beneficiosa que si se hubiera tomado anteriormente.

Para quienes están al otro lado, escuchar un "me lo tengo que pensar" puede ser frustrante. Puede ser difícil determinar si el interlocutor está genuinamente interesado o simplemente está siendo evasivo.

En tales casos, es útil tener una estrategia para manejar esta respuesta. Puede ser efectivo dar un plazo o proporcionar información adicional que pueda ayudar a la otra parte a tomar una decisión.

Ejemplo:

Carla es una agente inmobiliaria que mostró una casa a una pareja joven. Tras la visita, la pareja parecía entusiasmada, pero finalmente dijeron: "Nos encanta, pero tenemos que pensarlo".

Carla, habiendo enfrentado esta situación muchas veces, decidió ser proactiva.

Les proporcionó comparativas de mercado, testimonios de vecinos y un análisis detallado de la revalorización de la zona en los últimos años. Además, les indicó que había otros interesados y que esperaría su respuesta hasta el final de la semana.

La información adicional y el sentido de urgencia llevaron a la pareja a reflexionar con seriedad sobre la decisión. Al final, decidieron comprar la casa, reconociendo que era una excelente oportunidad y agradeciendo a Carla por su ayuda en el proceso de decisión.

4. El cliente indeciso

Trabajar con clientes potenciales puede ser un desafío, especialmente cuando expresan interés pero continuamente postergan la decisión final con diversas excusas.

Estas excusas pueden ir desde "Primero necesito hablarlo con mi pareja" hasta "Estoy esperando una confirmación de otro proyecto".

Aunque en algunos casos estas razones pueden ser legítimas, a menudo son indicativos de indecisión o de que el cliente está considerando otras opciones.

Es esencial reconocer estas señales y actuar en consecuencia. Si un cliente potencial está constantemente postergando una decisión, podría ser útil establecer un plazo o pedir claridad sobre sus intenciones. Esto puede ayudar a identificar si hay un interés genuino o si es probable que el cliente decida no seguir adelante con la propuesta.

Ejemplo:

Daniel es un diseñador gráfico que tuvo varias reuniones con un cliente potencial sobre un proyecto de rediseño de una marca.

Aunque el cliente parecía entusiasmado, cada vez que Daniel presentaba una propuesta, el cliente pedía más tiempo para decidir. Tras varias postergaciones, Daniel decidió establecer un plazo.

Le comunicó al cliente que, debido a otros compromisos, necesitaba una decisión en la próxima semana. Esta estrategia funcionó. Al enfrentarse a un plazo concreto, el cliente finalmente tomó una decisión y el proyecto comenzó sin más retrasos.

5. Enfrentando la decisión de un cliente hacia otra opción

La lealtad del cliente es un bien preciado en cualquier negocio. Sin embargo, hay momentos en que, a pesar de todos los esfuerzos, un cliente decide optar por otra opción. Esta situación puede surgir por diversas razones: una oferta más atractiva de un competidor, un cambio en las necesidades del cliente o simplemente una decisión basada en factores emocionales. Es esencial entender que los clientes tienen el derecho de buscar lo que consideran mejor para ellos.

Pero, ¿cómo manejar esta situación sin quemar puentes? Primero, es fundamental no tomar la decisión del cliente como algo personal. En el mundo empresarial, las decisiones se basan en una variedad de factores, y no siempre es un reflejo de la calidad del producto o servicio que se ofrece. En segundo lugar, es una oportunidad para obtener retroalimentación. Preguntar al cliente las razones de su decisión puede proporcionar información valiosa sobre áreas de mejora.

Ejemplo:

Javier tenía una pequeña tienda de repostería. Uno de sus clientes más leales, Marta, siempre encargaba las tartas para los cumpleaños de su familia en su tienda. Sin embargo, un día, Marta entró a la tienda y, con cierta vergüenza, le dijo a Javier que había decidido encargar la tarta de cumpleaños de su hija en otra pastelería que había abierto recientemente.

Javier, en lugar de sentirse herido o molesto, vio esto como una oportunidad. Le preguntó a Marta si había algo específico que la nueva pastelería ofreciera que él no. Marta confesó que la nueva pastelería tenía opciones sin gluten, algo crucial ya que su hija había sido diagnosticada con celiaquía.

Con esta información en mano, Javier decidió incorporar opciones sin gluten en su menú. Agradeció a Marta por su honestidad y le ofreció una degustación de sus nuevos productos. Aunque había perdido un encargo, Javier ganó valiosa información que lo ayudó a adaptarse y crecer.

6. Estrategias para aumentar oportunidades

El crecimiento de cualquier negocio depende de su capacidad para generar nuevas oportunidades. Ya sea a través de la adquisición de nuevos clientes, la expansión a nuevos mercados o la oferta de nuevos productos o servicios, es vital tener estrategias en marcha para asegurar un flujo constante de oportunidades.

Hay varias formas de generar nuevas oportunidades. Una de las más efectivas es el networking. Establecer conexiones con otros profesionales en la industria puede abrir puertas a colaboraciones, referencias y nuevos proyectos. También es esencial mantenerse actualizado sobre las tendencias del mercado y adaptarse a ellas.

Ejemplo:

Lorena era una entrenadora personal que trabajaba principalmente en un gimnasio local. Aunque tenía un grupo fiel de clientes, sentía que había llegado a un techo en su crecimiento profesional.

Decidió asistir a una conferencia de fitness en otra ciudad. Allí, no solo aprendió sobre las últimas tendencias en entrenamiento y nutrición, sino que también estableció conexiones con otros entrenadores y profesionales de la salud.

Una de esas conexiones le habló sobre la creciente demanda de entrenamiento en línea y cómo muchos entrenadores estaban expandiendo sus servicios a través de plataformas digitales. Inspirada por esto, Lorena decidió ofrecer sesiones de entrenamiento en línea, lo que le permitió alcanzar clientes fuera de su área local. En pocos meses, su base de clientes se duplicó, y su negocio experimentó un crecimiento significativo.

7. Lidiando con rechazos y cómo seguir adelante

El rechazo es una parte inevitable de cualquier negocio o emprendimiento. Ya sea que estemos hablando de ventas, propuestas de proyectos o incluso en el mundo de las citas, todos enfrentamos rechazos en algún momento. Aunque puede ser doloroso y desalentador, es crucial recordar que el rechazo no es necesariamente un reflejo de tu valor o calidad.

Primero, es vital no tomar el rechazo personalmente. En el mundo de los negocios, las decisiones se toman por una variedad de razones, y no siempre tienen que ver con la calidad del producto o servicio que se ofrece. El rechazo puede ser una oportunidad para aprender y crecer. Al enfrentar un "no", es útil reflexionar sobre la situación, analizar lo que salió mal y considerar cómo puedes mejorar en el futuro.

Ejemplo:

Carlos había desarrollado una innovadora aplicación de fitness. Después de meses de trabajo duro, estaba listo para presentarla a varios inversores en busca de financiamiento. Sin embargo, después de varias reuniones, todos los inversores a los que se acercó rechazaron su propuesta.

En lugar de desanimarse, Carlos decidió buscar retroalimentación. Uno de los inversores mencionó que, aunque la idea era buena, la interfaz de usuario no era intuitiva. Otro señaló que el mercado ya estaba saturado de aplicaciones similares. Armado con esta información, Carlos realizó cambios significativos en su aplicación, mejorando la interfaz y agregando características únicas que la distinguían de la competencia.

Unos meses después, Carlos volvió a acercarse a los inversores, y esta vez, su aplicación fue recibida con entusiasmo. No solo obtuvo el financiamiento que buscaba, sino que su aplicación se convirtió en un éxito en la tienda de aplicaciones.

8. La importancia de un seguimiento constante y efectivo

El seguimiento es una parte crucial del proceso de ventas y negocios en general. Una vez que has establecido contacto con un cliente potencial o has hecho una propuesta, el seguimiento puede ser la diferencia entre cerrar una venta o perder una oportunidad. Sin embargo, hay un arte en el seguimiento: hacerlo demasiado puede parecer desesperado, mientras que no hacerlo lo suficiente puede parecer desinteresado.

Un seguimiento efectivo implica encontrar un equilibrio. Es esencial ser persistente sin ser molesto y proporcionar valor en cada interacción. El objetivo no es simplemente recordarle al cliente tu existencia, sino reforzar cómo puedes ayudar a resolver un problema o satisfacer una necesidad.

Ejemplo:

Luisa ofrecía servicios de consultoría en marketing digital. Después de una reunión productiva con una empresa local, envió una propuesta detallada.

Sin embargo, una semana pasó sin respuesta. En lugar de simplemente enviar un correo electrónico preguntando si habían revisado la propuesta, Luisa decidió agregar valor. Envió un artículo reciente sobre una nueva tendencia en marketing digital que pensó que podría interesarles.

La empresa respondió agradeciendo el recurso y mencionando que habían estado ocupados, pero estaban interesados en seguir adelante con la propuesta de Luisa. Si Luisa no hubiera tomado la iniciativa de hacer un seguimiento de una manera que agregara valor, podría haber perdido esa oportunidad de negocio.

Entendido. Continuaré con el formato establecido, asegurándome de que cada cuestión tenga al menos 400 palabras.

9. Estrategias para un seguimiento efectivo sin parecer necesitado

En el mundo de las ventas y los negocios, el seguimiento es crucial. Sin embargo, hacerlo de manera efectiva, sin parecer desesperado o necesitado, puede ser un desafío. El seguimiento debe ser considerado una extensión de tu servicio o propuesta inicial, una forma de añadir valor y construir una relación, más que simplemente una táctica para conseguir una venta.

Primero, es importante que el seguimiento se haga con un propósito claro en mente. No se trata solo de recordarle al cliente tu existencia, sino de reforzar cómo puedes ayudar a resolver un problema o satisfacer una necesidad.

Además, es esencial ser auténtico en tu comunicación. Los clientes pueden percibir cuando eres genuino y cuando simplemente estás siguiendo un guión.

Además, es vital ser paciente y darle al cliente el espacio que necesita para tomar una decisión. En lugar de presionar para obtener una respuesta, proporciona información adicional que pueda ser útil o responde a cualquier pregunta que pueda tener. Y, por supuesto, siempre es crucial ser respetuoso y profesional en todas las comunicaciones.

Ejemplo:

Marta, una diseñadora gráfica freelance, había enviado una propuesta a una empresa para rediseñar su branding. Una semana después, en lugar de simplemente preguntar si habían tomado una decisión, Marta decidió enviar un artículo sobre las últimas tendencias en diseño gráfico y cómo estas podrían beneficiar a la marca de la empresa.

La respuesta de la empresa fue positiva. Apreciaron el enfoque proactivo de Marta y la información adicional que proporcionó, y finalmente decidieron seguir adelante con su propuesta. En lugar de parecer necesitada, Marta demostró su experiencia y su compromiso con el éxito del proyecto.

10. Consejos para la prospección sin parecer desesperado

La prospección es el acto de buscar nuevos clientes o oportunidades de negocio. Es una parte esencial de cualquier estrategia de ventas. Sin embargo, hacerlo de manera efectiva, sin parecer desesperado, puede ser un desafío. Para muchos vendedores, la línea entre ser persistente y ser molesto puede parecer muy fina.

Una de las claves para prospectar con éxito es investigar y entender a tu público objetivo. Esto te permite personalizar tu enfoque y demostrar que te preocupas por sus necesidades y desafíos específicos.

Además, en lugar de centrarte en lo que estás tratando de vender, céntrate en cómo puedes ayudar o aportar valor.

Ejemplo:

Pedro trabajaba en ventas para una empresa de software. En lugar de enviar correos electrónicos genéricos a una lista masiva de posibles clientes, decidió investigar a cada empresa y enviar un mensaje personalizado. En su correo electrónico, no solo mencionaba su producto, sino que también ofrecía soluciones a problemas específicos que esa empresa podría estar enfrentando.

Como resultado, la tasa de respuesta de Pedro fue significativamente más alta que la de sus colegas. Las empresas apreciaron el enfoque personalizado y se sintieron más inclinadas a considerar su propuesta. En lugar de parecer desesperado, Pedro demostró profesionalismo y un genuino interés en ayudar.

11. La táctica de la aproximación en prospección

Cuando se trata de ventas y prospección, la forma en que te presentas y abordas a un posible cliente puede marcar la diferencia entre establecer una relación duradera y perder una oportunidad. La aproximación en la prospección se refiere a la manera en que te introduces y entablas una conversación con un prospecto. Es esencial que esta aproximación se sienta natural y no forzada.

La clave para una aproximación exitosa es ser auténtico y genuino. En lugar de seguir un guión rígido, es vital escuchar activamente y responder a las necesidades y preocupaciones específicas del prospecto.

También es esencial investigar y entender a tu público objetivo para que puedas personalizar tu enfoque y demostrar que te preocupas por sus necesidades y desafíos específicos.

Además, es fundamental ser consciente de tu lenguaje corporal y tono de voz. Estos pueden transmitir confianza y profesionalismo, o pueden hacer que parezcas desinteresado o insincero. Por último, siempre es crucial ser respetuoso y no ser demasiado agresivo o presionar demasiado.

Ejemplo:

Carlos, un vendedor de soluciones de software, estaba en una conferencia y vio a un posible cliente que había estado intentando contactar durante semanas. En lugar de acercarse y lanzar inmediatamente su discurso de ventas, Carlos se acercó, se presentó y comenzó una conversación sobre una charla que ambos habían asistido en la conferencia.

La conversación fluyó de manera natural, y Carlos pudo identificar algunas áreas en las que su solución de software podría ayudar a la empresa del prospecto.

Al final de la conversación, el prospecto le dio su tarjeta y le pidió a Carlos que se pusiera en contacto la próxima semana para discutir más a fondo.

Carlos demostró que, al ser auténtico y centrarse en establecer una relación en lugar de simplemente intentar hacer una venta, pudo abrir la puerta a una oportunidad de negocio.

12. Consejos para sortear barreras y conectarte con la persona adecuada

En el mundo de las ventas, a menudo puede haber barreras o guardianes que te impiden llegar a la persona adecuada. Ya sea una recepcionista, un asistente o cualquier otro empleado, puede ser un desafío sortear estas barreras y llegar al tomador de decisiones.

Una de las claves para superar estas barreras es ser respetuoso y profesional en todo momento. No importa cuán frustrado o impaciente te sientas, siempre es esencial tratar a todos con respeto. Además, es útil ser claro sobre tu propósito y lo que estás tratando de lograr.

Además, en lugar de ver a estas personas como obstáculos, considéralas aliados potenciales. Si puedes establecer una buena relación con ellos, es más probable que te ayuden a conectarte con la persona adecuada.

También es esencial ser persistente y no desanimarse si no logras tu objetivo la primera vez. A veces, puede llevar varios intentos antes de llegar a la persona adecuada.

Ejemplo:

Patricia, una representante de ventas de una empresa de suministros médicos, había estado intentando llegar al director de compras de un gran hospital. Cada vez que llamaba, era redirigida a la asistente del director.

En lugar de frustrarse, Luisa se tomó el tiempo para establecer una relación con la asistente, preguntándole sobre su día y mostrando un genuino interés en ella como persona.

Con el tiempo, la asistente comenzó a ver a Luisa como alguien en quien podía confiar y no solo como otra vendedora molesta. Un día, después de que Luisa llamara, la asistente decidió pasar su llamada directamente al director de compras.

Gracias a su paciencia y enfoque en la construcción de relaciones, Luisa pudo conectarse con la persona adecuada y finalmente cerrar una venta importante.

13. Estrategias efectivas para obtener información de contacto de empresas

La obtención de información de contacto relevante es crucial para cualquier profesional de ventas. Sin la información adecuada, tus esfuerzos de prospección pueden ser en vano. Hay varias herramientas y estrategias que puedes utilizar para obtener esta valiosa información.

Primero, las plataformas de redes profesionales como LinkedIn son invaluables. Estas plataformas te permiten buscar empresas específicas, y a menudo puedes encontrar a los empleados y su posición dentro de la empresa. Además de LinkedIn, hay otros directorios de empresas y bases de datos en línea que pueden ser útiles.

Otra estrategia es asistir a conferencias, ferias comerciales y otros eventos de la industria. Estos eventos te ofrecen la oportunidad de conectarte directamente con representantes de empresas y recopilar tarjetas de presentación.

Además, investigar las páginas web de las empresas puede proporcionar información de contacto, aunque esta táctica puede ser más laboriosa.

Si bien estos métodos son efectivos, es esencial siempre ser respetuoso al usar la información obtenida. Abordar a alguien de manera inesperada puede resultar contraproducente si no te presentas de manera adecuada y considerada.

Ejemplo:

Marta trabaja en ventas para una compañía tecnológica. Está interesada en conectar con una empresa líder en tecnología, pero no tiene los detalles de contacto del tomador de decisiones.

Decide utilizar LinkedIn para investigar a la empresa y encuentra el perfil del Director de Tecnología. Nota que ambos asistieron a la misma conferencia el año pasado. Al enviarle un mensaje, Marta menciona la conferencia y plantea una solución específica que su software podría ofrecer a la empresa del Director.

Gracias a su enfoque personalizado y su uso inteligente de la información disponible, logra una reunión que eventualmente lleva a una venta exitosa.

14. Técnicas para iniciar una conversación impactante con un tomador de decisiones

Una vez que hayas identificado y contactado al tomador de decisiones, el siguiente paso es establecer una conversación efectiva. La primera impresión es crucial, y la forma en que inicias la conversación puede determinar su curso y resultado.

Es vital ser directo pero respetuoso. Una técnica efectiva es romper el hielo con una pregunta o comentario relevante que demuestre que has hecho tu tarea y que comprendes las necesidades y desafíos específicos de su empresa. Evita los saludos genéricos o los discursos ensayados.

Otra estrategia es referirse a un punto en común, ya sea un evento al que ambos asistieron, una conexión mutua o un interés compartido. Esto puede ayudar a establecer rapport y hacer que la conversación fluya más naturalmente.

Ejemplo:
Daniel, un representante de ventas de soluciones de seguridad informática, ha conseguido una llamada con el CEO de una startup tecnológica.

En lugar de comenzar con un discurso de ventas, Daniel comenta un artículo reciente que el CEO escribió sobre los desafíos de seguridad en el sector tecnológico.

El CEO aprecia que Daniel estuviera tan bien informado y, como resultado, están en sintonía desde el comienzo de su conversación. Al abordar un tema relevante y demostrar su conocimiento, Daniel establece una base sólida para la discusión de ventas.

15. Manejo de objeciones comunes durante la prospección

Al prospectar, es probable que te encuentres con varias objeciones. Algunas de las más comunes incluyen "No estoy interesado", "Ya trabajamos con otra empresa" o "No es un buen momento". La clave para manejar estas objeciones es estar preparado y no tomarlas de manera personal.

La preparación implica anticipar estas objeciones y tener respuestas listas. Estas respuestas deben ser claras, concisas y, lo más importante, centradas en las necesidades del cliente. Si un prospecto dice que ya está trabajando con otra empresa, puedes preguntar sobre cualquier desafío o brecha que esa empresa no esté abordando.

Ejemplo:

Julia, una vendedora de equipos de oficina, a menudo escucha la objeción "Ya tenemos un proveedor para eso". En lugar de rendirse, pregunta: "¿Hay algún aspecto del servicio de su proveedor actual que sienta que podría mejorarse?".

Esta respuesta no solo demuestra que Julia está interesada en las necesidades del cliente, sino que también abre la puerta para discutir cómo sus productos o servicios pueden ofrecer una solución superior.

16. Utilizar el lenguaje corporal en la prospección

El lenguaje corporal es una herramienta poderosa en la comunicación, y en el mundo de las ventas, puede ser la clave para interpretar y responder adecuadamente a las señales de un cliente. Durante una reunión o conversación en persona, es esencial ser consciente de tu propio lenguaje corporal y el de tu interlocutor.

Mantener el contacto visual demuestra interés y confianza. Sin embargo, hay que ser cauteloso para no parecer intimidante o inquisitivo. Una postura abierta, sin cruzar los brazos, sugiere receptividad y apertura a la conversación.

Además, es fundamental prestar atención a las señales no verbales del cliente, como el tono de voz, la postura y los gestos, ya que pueden indicar interés, confusión o resistencia.

Ejemplo:

Carla, una ejecutiva de cuentas, se encuentra en una reunión con un cliente potencial. Al presentar su propuesta, nota que el cliente comienza a tamborilear los dedos y a mirar con frecuencia su reloj. En lugar de seguir hablando, Carla decide abordar directamente la situación y pregunta: "Parece que tiene algunas preocupaciones o preguntas. ¿Hay algo en lo que pueda profundizar o aclarar?".

Esta observación y reacción ante el lenguaje corporal del cliente lleva a una conversación más abierta y productiva.

17. La importancia de la empatía en el proceso de venta

La empatía, la capacidad de comprender y compartir los sentimientos de otra persona, es una habilidad invaluable en ventas.

Permite al vendedor conectarse con el cliente a un nivel más profundo y genuino, lo que puede fortalecer la relación y la confianza.

Mostrar empatía no significa simplemente decir "lo entiendo", sino realmente ponerse en el lugar del cliente, escuchar activamente y responder de manera adecuada.

La empatía puede ayudar a identificar las preocupaciones o necesidades no expresadas del cliente y ofrecer soluciones más personalizadas.

Ejemplo:

Miguel, un vendedor de Apps, se reúne con un cliente que expresa frustración por los constantes problemas técnicos que enfrenta su empresa. En lugar de lanzarse directamente a su discurso de ventas, Miguel responde: "Debe ser realmente desafiante enfrentar esos problemas constantemente, especialmente cuando afecta la productividad de su equipo. Veamos cómo podemos abordar esas preocupaciones específicas con nuestra solución".

Al reconocer y validar los sentimientos del cliente, Miguel establece una base sólida para la conversación.

18. Seguimiento post-reunión: maximizar el impacto

Una vez concluida la reunión o presentación con un cliente potencial, el trabajo no ha terminado. El seguimiento es esencial para reforzar los puntos clave discutidos, aclarar dudas y mantener el interés del cliente.

Enviar un correo electrónico de agradecimiento es un gesto básico pero efectivo. Este correo debe ser personalizado, destacando aspectos específicos de la reunión y ofreciendo recursos adicionales si es necesario.

Si se prometió enviar información adicional o una demostración del producto, es crucial cumplir con esa promesa en el plazo acordado.

Ejemplo:

Después de una presentación exitosa, Sofía envía un correo electrónico de seguimiento al cliente potencial. En el correo, agradece su tiempo, resume los puntos clave discutidos y proporciona enlaces a estudios de caso que respaldan su propuesta.

Además, establece una fecha tentativa para una próxima reunión. Gracias a este seguimiento proactivo, Sofía mantiene el impulso de la conversación y aumenta las posibilidades de cerrar la venta.

19. Mantener un flujo constante de oportunidades

En el mundo de las ventas, uno de los mayores desafíos es mantener un flujo constante de oportunidades. Sin un suministro regular de clientes potenciales, incluso el mejor vendedor puede quedarse estancado.

Por lo tanto, es esencial tener estrategias para generar nuevas oportunidades y evitar depender de un puñado de clientes.

Una de las formas más efectivas de mantener un flujo constante de oportunidades es a través de la prospección activa. Esto implica identificar y acercarse a clientes potenciales, en lugar de esperar que vengan a ti.

La prospección puede hacerse a través de llamadas en frío, eventos de networking, o incluso medios digitales como las redes sociales y el email marketing.

Además, es crucial diversificar tus fuentes de oportunidades. No pongas todos tus huevos en una sola canasta; en su lugar, busca diferentes canales y métodos para generar clientes potenciales.

Por último, la investigación y la formación continua son esenciales. Conoce tu industria, mantente al día con las tendencias y aprende nuevas técnicas de ventas para adaptarte y evolucionar.

Ejemplo:

Juan era un vendedor que dependía en gran medida de una feria anual para obtener la mayoría de sus clientes potenciales. Sin embargo, un año, la feria fue cancelada debido a circunstancias imprevistas. Atrapado sin un plan de respaldo, Juan se encontró en una situación precaria. Sin embargo, en lugar de resignarse, decidió tomar medidas.

Empezó a investigar otras ferias y eventos en su industria, se inscribió en cursos de ventas en línea, y comenzó a utilizar las redes sociales para conectarse con clientes potenciales. Con el tiempo, no solo recuperó su flujo de oportunidades, sino que lo diversificó, haciéndolo más resistente a futuros contratiempos.

20. La importancia de una comunicación efectiva por correo electrónico

En la era digital, el correo electrónico se ha convertido en una herramienta esencial para la comunicación en ventas. Sin embargo, no basta con enviar correos electrónicos; es crucial que estos sean efectivos y capten la atención del destinatario.

El asunto del correo es la primera impresión, por lo que debe ser atractivo y relevante. El contenido del correo debe ser claro, conciso y centrarse en los beneficios para el cliente.

Evita el lenguaje técnico o jerga, y utiliza un tono amigable y profesional. También es esencial tener un llamado a la acción claro, ya sea programar una reunión, proporcionar más información o hacer una venta.

Además, personaliza tus correos electrónicos tanto como sea posible. Un correo genérico es más probable que sea ignorado, mientras que uno que se sienta personal y relevante tiene más posibilidades de obtener una respuesta.

Ejemplo:

Lidia, una ejecutiva de ventas, notó que sus correos electrónicos a menudo eran ignorados. Después de investigar, decidió hacer algunos cambios. Comenzó a personalizar sus correos, mencionando detalles específicos sobre el cliente o su empresa.

También mejoró el asunto de sus correos, haciéndolos más atractivos y relevantes. Como resultado, la tasa de respuesta de Lidia aumentó significativamente, lo que llevó a más oportunidades y ventas.

21. Navegando por la negativa: tratar con rechazos

Nadie, ni siquiera el vendedor más experimentado, disfruta del rechazo. Pero en el mundo de las ventas, el rechazo es una realidad ineludible.

Es natural sentirse desanimado cuando un cliente potencial dice "no", pero lo que diferencia a los grandes vendedores de los demás es cómo manejan y responden al rechazo.

El primer paso para navegar efectivamente por el rechazo es no tomarlo de manera personal. Hay muchas razones por las que un cliente potencial podría rechazar una oferta, y muchas de estas razones están fuera de tu control.

En lugar de ver el rechazo como un reflejo de tu habilidad o valor, ve cada "no" como una oportunidad para aprender y mejorar.

Otra estrategia clave es mantener una mentalidad de crecimiento.

En lugar de ver el rechazo como un fracaso, considéralo como una oportunidad para aprender algo nuevo. Pregunta retroalimentación, analiza lo que podrías haber hecho diferente y utiliza esa información para mejorar tus futuros esfuerzos de venta.

Ejemplo:

Carlos había estado trabajando en cerrar un trato con un cliente potencial durante semanas. Había invertido mucho tiempo y esfuerzo en la relación, y estaba seguro de que obtendría el trato.

Pero, para su sorpresa, el cliente decidió ir en una dirección diferente. Carlos se sintió desanimado y consideró renunciar a las ventas. Pero en lugar de rendirse, decidió aprender de la experiencia.

Se acercó al cliente y pidió comentarios sobre su presentación y propuesta. Aprendió que, aunque su oferta era sólida, no había abordado algunas preocupaciones clave del cliente.

Carlos utilizó esta información para mejorar su enfoque en futuros tratos, y con el tiempo, se convirtió en uno de los vendedores más exitosos de su empresa.

22. El arte de la persuasión: convenciendo al indeciso

En el proceso de venta, a menudo te encontrarás con clientes que están en la valla, indecisos sobre si seguir adelante o no.

Estos clientes pueden ser un desafío, pero con las tácticas de persuasión adecuadas, puedes inclinar la balanza a tu favor.

La clave para persuadir a los clientes indecisos es entender sus reservas y abordarlas de frente. Haz preguntas para descubrir sus objeciones y preocupaciones.

Luego, presenta argumentos y soluciones que aborden directamente esas objeciones.

Además, utiliza testimonios y estudios de casos para mostrar a los clientes indecisos cómo otros han beneficiado de tu producto o servicio.

A veces, ver evidencia real de éxito puede ser justo lo que un cliente necesita para tomar una decisión.

Ejemplo:

Marta estaba tratando de vender un nuevo software de gestión de proyectos a un cliente potencial. El cliente veía el valor del software, pero estaba preocupado por la curva de aprendizaje para su equipo.

Marta reconoció esta objeción y organizó una demostración en vivo del software con el equipo del cliente.

También compartió testimonios de otras empresas que habían adoptado el software con éxito.

Al ver el software en acción y escuchar sobre las experiencias positivas de otros, el cliente decidió seguir adelante con la compra.

23. Precios y propuestas: negociando con determinación

En el mundo de las ventas, el precio es a menudo un punto de contención. Los clientes buscan el mejor trato posible, mientras que los vendedores buscan maximizar su margen de beneficio.

En este delicado equilibrio, es crucial saber cómo manejar las discusiones sobre el precio y cómo presentar propuestas de manera efectiva.

Al discutir el precio, es importante recordar que no estás vendiendo solo un producto o servicio; estás vendiendo valor. Antes de entrar en números, asegúrate de que el cliente comprenda completamente el valor de lo que estás ofreciendo.

Presenta los beneficios y cómo tu solución puede resolver sus problemas o mejorar su situación actual.

Si un cliente se resiste al precio, no cedas inmediatamente reduciendo tu tarifa. En lugar de eso, busca maneras de agregar valor sin bajar el precio, como ofrecer servicios adicionales o bonificaciones.

Si decides ofrecer un descuento, hazlo con una condición, como un compromiso a largo plazo o un volumen de compra más grande.

Ejemplo:

Pedro estaba tratando de cerrar un trato con una empresa para su software de gestión. El cliente estaba interesado, pero quería un descuento significativo.

En lugar de reducir simplemente el precio, Pedro ofreció proporcionar capacitación adicional gratuita para su equipo si se comprometían a una suscripción de dos años.

Al ver el valor adicional en la oferta, el cliente estuvo de acuerdo con el trato sin necesidad de un descuento en el precio.

24. La importancia de la primera impresión: consejos para la prospección

La prospección es el proceso de buscar y contactar clientes potenciales con el objetivo de generar nuevas oportunidades de venta.

Es un componente esencial de cualquier estrategia de ventas, pero puede ser desafiante, especialmente si no causas una buena primera impresión.

Para tener éxito en la prospección, es fundamental ser auténtico y genuino. Los clientes potenciales pueden detectar rápidamente cuando alguien es deshonesto o está simplemente siguiendo un guión. En lugar de utilizar tácticas de venta agresivas, intenta construir una relación genuina y mostrar interés real en ayudar al cliente.

Además, haz tu tarea. Antes de acercarte a un cliente potencial, investiga sobre su empresa, su industria y sus desafíos. Al demostrar que has hecho tu tarea y que entiendes sus necesidades, aumentarás tus posibilidades de causar una impresión positiva.

Ejemplo:

Laura, una representante de ventas de software, estaba buscando nuevos clientes. Antes de llamar a una empresa, investigó sobre su industria y descubrió que habían tenido problemas con su sistema actual.

Cuando llamó a la empresa, no comenzó con un discurso de ventas; en lugar de eso, preguntó sobre los desafíos que estaban enfrentando y ofreció soluciones específicas basadas en su investigación.

La empresa quedó impresionada con su enfoque y decidió darle una oportunidad.

25. El arte de la auto-promoción: cómo destacar en el mundo laboral

El mercado laboral actual es increíblemente competitivo. Con tantos profesionales capacitados buscando las mismas oportunidades, es esencial que sepas cómo promocionarte adecuadamente.

La auto-promoción no significa ser arrogante o presumido; se trata de comunicar de manera efectiva tu valor a posibles empleadores o clientes.

Una estrategia efectiva es construir y mantener una marca personal sólida. Esto implica tener una presencia en línea coherente y profesional, desde tu CV y perfil de LinkedIn hasta cualquier contenido que publiques en blogs o redes sociales. Es importante que esta presencia en línea refleje tus habilidades, experiencia y lo que te hace único.

También es vital que te mantengas actualizado en tu campo, continúes aprendiendo y desarrollándote profesionalmente.

Esto no solo mejora tus habilidades, sino que también demuestra tu compromiso con tu carrera.

Ejemplo:

Javier, un especialista en marketing, sabía que tenía que destacar para avanzar en su carrera.

Decidió escribir artículos regularmente sobre las últimas tendencias en marketing en un blog personal.

Además, comenzó a asistir a conferencias y talleres, donde pudo establecer contactos con otros profesionales.

Su compromiso con la auto-promoción y el desarrollo profesional finalmente llamó la atención de una empresa líder en su campo, que le ofreció una posición de alto nivel.

RESPUESTAS DE REGALO

26. Aprovechando las oportunidades: estrategias para acelerar el crecimiento profesional

El crecimiento profesional no ocurre por accidente. Requiere planificación, esfuerzo y, a menudo, un poco de estrategia.

Si bien siempre es esencial hacer bien tu trabajo actual, si realmente quieres avanzar, debes estar dispuesto a salir de tu zona de confort y buscar activamente oportunidades para crecer.

Una de las mejores maneras de hacer esto es aprovechar todas las oportunidades de aprendizaje que se presenten.

Esto podría incluir asistir a cursos y talleres, buscar mentores en tu industria o incluso pedir más responsabilidades en tu trabajo actual.

Además, no subestimes el poder de la creación de redes. Conectarte con otros en tu industria puede abrir puertas a nuevas oportunidades que no sabías que existían.

Ejemplo:

María, una joven ingeniera, estaba ansiosa por avanzar en su carrera. Aunque su trabajo actual era estable, sentía que no estaba creciendo lo suficiente.

Decidió inscribirse en un curso avanzado en su campo y se unió a una organización profesional relacionada con su industria. A través de esta organización, conoció a varios líderes en su campo y pudo aprender de su experiencia y consejos.

Un año después, gracias a las conexiones que había hecho y las habilidades que había adquirido, fue promovida a un puesto de liderazgo en su empresa.

27. La preparación es la clave: maximizando el éxito en reuniones críticas

Las reuniones son una parte esencial de la vida profesional. Ya sea que estés presentando un proyecto, negociando un trato o discutiendo estrategias, es crucial que estés bien preparado.

La preparación no solo te ayudará a sentirte más seguro, sino que también maximizará tus posibilidades de éxito.

Antes de cualquier reunión importante, investiga a fondo el tema en cuestión. Familiarízate con cualquier dato o detalle relevante y piensa en posibles preguntas o preocupaciones que puedan surgir.

Además, practica tu presentación o puntos de discusión para asegurarte de que puedes comunicar tus ideas clara y eficazmente.

Ejemplo:

Ana tenía una reunión importante con un cliente potencial. Sabía que conseguir este cliente podría ser un gran avance para su empresa.

En lugar de confiar simplemente en sus habilidades de comunicación, decidió prepararse a fondo. Investigó sobre el cliente, su industria y sus desafíos específicos.

Durante la reunión, pudo abordar proactivamente las preocupaciones del cliente y ofrecer soluciones específicas. Su preparación detallada impresionó al cliente, que decidió firmar un contrato importante con la empresa de Ana.

SOBRE EL AUTOR

Steven F. Allen es un renombrado experto en ventas y un destacado mentor de emprendedores.

Con más de dos décadas de experiencia en el dinámico mundo de las ventas corporativas y el emprendimiento, Steven ha forjado un camino repleto de éxitos tanto en la práctica como en la enseñanza de técnicas de venta avanzadas y estrategias de negocio.

Nacido en una familia de pequeños empresarios, Steven se sumergió en el mundo de las ventas y el emprendimiento desde muy joven.

Su pasión por entender las complejidades del mercado y la psicología del cliente lo llevó a obtener un título en Marketing y Psicología de la Universidad de Stanford, seguido de un MBA de la Universidad de Harvard.

Antes de dedicarse a tiempo completo a la escritura y la consultoría, Steven trabajó en varias compañías Fortune 500, donde no solo superó consistentemente sus metas de ventas, sino que también desarrolló y lideró equipos de ventas altamente eficientes.

Su enfoque único en la venta consultiva y el marketing estratégico lo ha convertido en un orador solicitado en conferencias de negocios y universidades de prestigio.

Ausente de las redes sociales, debuta con su libro "Respuestas que Venden: 25 preguntas para transformar tu enfoque y ganar clientes", que es el resultado de años de investigación y experiencia directa en el campo.

Cuando no está escribiendo, consultando o hablando, Steven disfruta del tiempo con su familia, practica el golf y es un ávido lector de biografías de líderes empresariales.

Aficionado a la metodología Grease the Groove, escribió un pequeño manual para iniciarse en esta disciplina, también disponible en Amazon.

Su dedicación a la mentoría de jóvenes emprendedores y su compromiso con la educación continua en el campo de las ventas lo posicionan como una voz autorizada y respetada en la industria.

www.ingramcontent.com/pod-product-compliance
Lightning Source LLC
Chambersburg PA
CBHW030537290526
45786CB00004B/1748